L'UNION LIBÉRALE.

Extrait du Correspondant

Du 10 Février 1869.

L'UNION LIBÉRALE.

I.

Tout a été dit sur le compte des candidatures officielles ; mais il reste beaucoup à dire sur les moyens de s'en débarrasser. Il reste surtout beaucoup à faire pour y parvenir ; et c'est de quoi ne nous paraissent pas se douter ceux qui, trouvant mauvaise l'intervention constante et abusive de l'administration dans nos affaires électorales et autres, agissent comme s'ils la trouvaient bonne. Tantôt ils ne font rien, tantôt même ils font le contraire de ce qu'il faudrait, pour forcer à rentrer chez eux, pour contraindre à se renfermer dans leurs attributions, de nombreux et puissants fonctionnaires : juges de paix, quelquefois ; percepteurs, instituteurs, gendarmes, facteurs ruraux, souvent ; préfets, sous-préfets, gardes champêtres, commissaires de police, presque toujours.

C'est ainsi qu'on a vu l'union libérale compromise non assurément par la faute de son principe, qui est bon, mais par celle des hommes, qui sont faillibles ; mais par l'hésitation et l'apathie dont nous faisons trop souvent preuve lorsqu'il s'agirait d'en embrasser la cause. Ajoutons à cela — pour ne point parler de la guerre à mort que lui font des ennemis acharnés, mais ceux-ci convaincus et par conséquent respectables dans leur erreur — que des égoïsmes individuels ou des égoïsmes de parti se sont montrés en plus d'un lieu, qui nous font craindre des défections, des abandons partiels de la ligne qu'on s'était promis de suivre ensemble. Ce ne serait pas la première fois qu'on verrait s'évanouir sur la brèche ceux qui avaient juré d'y mourir. Notre confiance, au reste, est que l'avenir ramènera tout le monde au drapeau ; là est le devoir, là est l'honneur et aussi la sécurité avant comme après la victoire.

Si ingrate, en attendant, que puisse sembler la tâche de défendre une cause momentanément impopulaire, parce qu'elle est victime de malentendus non moins que de fautes commises, — cette tâche, nous osons l'entreprendre. C'est l'union libérale que nous venons soutenir ici, en l'exposant non pas précisément telle qu'elle est, mais telle qu'elle devrait être, mais telle que nous l'avons toujours comprise, telle que, si on s'accorde enfin à la pratiquer de la sorte, la faveur publique lui viendra.

Libre à d'autres de mal penser ou de médire de cette union libératrice. Pour nous, notre parti est pris de la trouver bonne, de la servir, de la prêcher à tous, d'une part comme l'œuvre la plus grande qui, au temps présent, puisse tenter notre patriotisme ; de l'autre, comme la seule ressource qui nous reste pour, en matière électorale comme en tout, avoir enfin raison de l'omnipotence administrative. C'est en vain que, contre celle-ci, on chercherait refuge ailleurs que dans l'accord sincère et fraternel des libéraux de tous les bords. C'est en vain que, devant la coalition des autoritaires de toute nuance et de toute provenance, dont les uns flattent le peuple, dont les

autres encensent César, mais dont la commune ambition est de devenir ou
de rester nos maîtres, une fraction , n'importe laquelle, de l'opinion libérale
prétendrait, à elle seule, triompher.

Pour triompher, il faut s'unir.

Il est possible, lorsque viendra le jour des élections , et ce jour approche,
que, dans tel ou tel collége, grâce à des circonstances particulières, grâce
peut-être au prestige d'un nom connu et respecté ou à l'ascendant que,
même au sein d'une société démocratique comme la nôtre, conserve toujours la fortune, il est possible, disons-nous, qu'un candidat indépendant
réussisse par ses seules forces, sans entente préalable avec personne, sans
autre appui que celui de ses amis particuliers. Mais ce ne sera là qu'un fait
isolé. En géneral, pour en arriver à battre le candidat administratif, il faut
des influences unies, concertées — nous ne disons pas coalisées.

D'union à coalition, il y a loin. L'union est toujours bonne ; il y a toujours
profit à la faire et honneur à la conseiller. Elle sollicite les hommes au nom
du devoir ; elle les groupe autour d'intérêts supérieurs et permanents. La
coalition, au contraire, consiste presque toujours à sacrifier ce qui est relativement grand à ce qui est relativement petit ; ce qui doit durer à ce qui
passe. Admises quelquefois comme légitimes dans le jeu des institutions politiques, et excusables seulement par exception, les coalitions obtiennent
rarement l'assentiment intime de ceux qui les font, plus rarement la faveur
de ceux qui les jugent.

Pour que l'union libérale ne dégénère pas en coalition, une condition est
nécessaire et elle suffit. Il faut que cette union n'ait d'autre but que celui
qu'elle avoue ; il faut que, comme son nom l'indique, elle se fasse pour la
liberté, entre libéraux, et rien qu'entre ceux-là.

Qu'est-ce qu'un libéral ? Une telle question semble avoir de quoi faire
sourire dans un siècle que quatre-vingts ans déjà écoulés séparent de 1789 ;
dans un pays qui, entre Mirabeau et Berryer, pour ne citer que quel-
ques-uns de ses illustres morts, a vu passer Casimir Périer, de Serre,
Armand Carrel, Royer-Collard, les deux Cavaignac, Tocqueville, Lacordaire
et tant d'autres. Cependant la question est sérieuse ; il faut y répondre.

Si, par libéral, on entend l'homme qui veut sa liberté à lui, celle de ses
amis, celle des gens dont les opinions sont les siennes, il n'est pas nécessaire
d'aller bien loin ni de se donner beaucoup de peine pour trouver de ces libé-
raux-là. Paris en est pavé, et le monde en est plein.

Ce ne sont pas non plus des libéraux, bien qu'ils en aient longtemps re-
vendiqué le titre et qu'on ait eu le tort de le leur laisser porter à eux tout
seuls, que ces anciens conventionnels réfugiés au sénat du premier Empire ;
que ces ambitieux ou ces inconséquents, qui, abrités derrière quelque lam-
beau de drapeau tricolore, se croyaient, rien que par là, dispensés de servir
autrement la liberté ; que ces comédiens qui, sous les règnes de Charles X
et de Louis-Philippe, n'avaient, en invoquant la Charte et le mot de liberté à
la bouche, d'autre préoccupation dans l'esprit que celle de chasser de France
un certain nombre de citoyens nommés jésuites.

Un libéral peut assurément se passer de jésuites : mais une chose dont il
ne se passe point volontiers, c'est de la liberté des jésuites. Celle-ci, en effet,
en contient d'autres. Si, pour vous faire plaisir, on chasse aujourd'hui de
France tels citoyens qui vous déplaisent, pourquoi pas demain tels autres
qui vous plaisent, les francs-maçons par exemple, auxquels peut-être vous
tenez, si même vous ne leur appartenez ?

En fait de libertés, tout s'enchaine : votre droit protége le mien, comme le mien garantit le vôtre ; et voilà pourquoi il n'y a de libéraux vraiment dignes de ce nom que les hommes dont la visée constante est de procurer à autrui, fût-ce à leurs adversaires, la même dose de liberté qu'à eux-mêmes. Voilà à quel prix on est libéral, et on ne l'est point sans cela. Pour ces esprits, pour ces cœurs-là, la liberté n'est pas seulement un moyen, elle est un but ; elle est même, en politique, le but suprême.

J'ai dit *en politique*, et je souligne à dessein ce mot, ne voulant pas qu'on m'attribue une pensée qui n'est point la mienne, et qu'on me soupçonne de méconnaître à la fois les destinées humaines et le plan divin. Si, pour notre honneur comme pour sa gloire, Dieu a créé l'homme libre, il l'a d'abord créé pour la vérité. D'où il résulte qu'au regard de la vérité religieuse, de la vérité morale, de la vérité scientifique aussi, la liberté, si haute qu'elle soit, n'occupe que le second rang ; elle n'est, pour chacun de nous, qu'un moyen, un des moyens que Dieu nous donne, pour, avec effort et mérite, monter vers ces sommets culminants. Mais, qu'il soit le sujet d'un monarque ou le citoyen d'un pays libre, qu'il soit Russe ou Américain, l'homme peut, à bon droit, lorsqu'il s'agit des affaires de son gouvernement et que dans son pays l'ordre règne, soutenir que la liberté prime tout le reste et qu'elle n'est primée par rien. C'est en ce sens que nous disons qu'en politique la liberté est le but suprême.

Cela accordé, et pourvu que, demeurassent-ils d'ailleurs divisés, les esprits se rangent à proclamer avec nous cette vérité trop peu comprise encore et cependant élémentaire, tout soupçon d'alliance malsaine disparaît au sein du parti libéral. Qu'ils viennent, en effet, de droite ou de gauche ; qu'ils gardent le culte de l'hérédité monarchique ou qu'ils acceptent le principe de la souveraineté nationale, qu'ils aient servi telle ou telle branche ou qu'ils n'en aient servi aucune ; qu'ils aient des préférences pour la forme républicaine ou qu'ils espèrent trouver un jour, sous l'empire progressivement transformé, la pleine satisfaction de leurs désirs, — les Français, tous ceux du moins qui commencent à préférer la liberté à tout le reste, doivent s'unir pour assurer l'élection de députés qui leur conviennent, de députés qui veulent comme eux la liberté d'abord et avant tout. On ne comprend même pas qu'il puisse en être autrement.

Ainsi donc, point de compromis, point de marchés entre gens qu'un abîme sépare : cela ne serait ni sérieux ni durable. Mais alliance, alliance publique et avouée, alliance cordiale et permanente, entre ceux qui, d'accord sur la question de liberté, ne sont d'ailleurs séparés entre eux que par des nuances.

Telle est l'union libérale ; telles en doivent être les conditions. Il peut y avoir là de quoi effrayer les pusillanimes, décourager les paresseux, surtout déplaire aux satisfaits ; il n'y a, là dedans, absolument rien qui soit de nature à scandaliser les honnêtes gens. La question est de savoir si, chacun gardant d'ailleurs en politique ses principes, ses affections, ses regrets peut-être, peut-être même ses espérances, tout cela sera dominé par la conviction que, quel que soit le gouvernement auquel il a pu ou pourra un jour convenir à la France de confier ses destinées, ce gouvernement ne saurait désormais être un gouvernement absolu, encore moins un gouvernement arbitraire.

Le dernier ministre de l'intérieur, celui que, pendant une nuit de décembre, on a vu tomber en disgrâce sans trop s'expliquer pourquoi, appelait, l'an dernier, de ses vœux, à la tribune du Corps législatif, la formation d'un grand parti conservateur, qui, en s'associant à la politique du gouvernement impérial, déchargerait l'administration d'une foule de soins aux quels elle ne peut suffire, et préviendrait sans doute quelques-unes des fautes sous lesquelles il lui arrive parfois de succomber.

Nous avons soigneusement recueilli l'expression de ce désir, désir patriotique et légitime, auquel il ne nous coûte point de nous associer. Mais, outre que l'administration n'a rien fait depuis dix-huit ans, ni dans les élections ni ailleurs, qui soit de nature à nous prouver qu'elle ambitionne réellement l'appui de ceux d'entre nous qui, sans être ni factieux ni serviles, aspirent seulement à demeurer libres, — on oublie trop que le grand parti conservateur à la formation duquel M. Pinard, alors ministre, faisait appel, ne peut, si l'on veut qu'il se forme, être qu'un grand parti libéral. Le temps des adorations est passé : pas plus en France qu'ailleurs, on ne croira désormais à l'infaillibilité personnelle des monarques élus ou héréditaires ; il n'y a plus de dieu sur aucun trône. Est-ce un peu par la faute des rois, qui ont hâté l'heure à laquelle l'illusion devait finir ? Peut-être. Mais c'est surtout, croyons-nous, par l'ascendant de la raison humaine, qui veut que les peuples, comme les hommes, s'appartiennent ; de cette raison qui, une nation fût-elle momentanément en recul, conduit irrésistiblement le monde vers la liberté. C'est à la liberté que nous allons tous, alors même que plusieurs d'entre nous semblent momentanément lui tourner le dos. Telle est la force des choses ; tel est le courant ; telle est la loi, voulue de Dieu, qui s'impose à l'humanité. Voilà ce qu'il faut comprendre ; voilà avec quoi il faut compter.

Dès lors, il est naturel que les bons esprits ne séparent pas, comme d'autres le font, la formation d'un parti conservateur de celle d'un parti libéral dont la France a besoin. A bien dire, ces deux partis sont le même. Il faut nous affranchir une bonne fois de cette logomachie qui, chez nous, consiste à opposer perpétuellement la liberté à l'ordre et l'ordre à la liberté. Ce sont deux choses qui, bien entendues, n'en font qu'une, et il nous plaît, quant à nous, d'appeler du nom de parti libéral le parti qui, une fois fondé, saura bien nous les donner toutes deux.

II.

Quel sera le programme de ce parti ?

Ce sera — pour le résumer en deux mots, et pour ne point entrer ici dans des développements étrangers à notre sujet — le respect profond de l'homme, de sa dignité, de ses aspirations religieuses et morales d'abord, de ses opinions politiques et de ses besoins intellectuels aussi ; ce sera l'introduction dans la loi civile de toutes les garanties nécessaires pour que tout cela soit protégé.

De qui se composera ce parti ?

Nous l'avons indiqué déjà. Il se composera des libéraux de tous les bords, et rien que d'eux. Monarchiste ou républicain, on est du parti libéral si on veut *d'abord* la liberté ; on n'en est point sans cela.

Nous savons quelle est l'objection. On dira que nous poursuivons une chimère ; qu'ayant vu sombrer, faute d'un nombre alors suffisant de républicains, la république de 1848, nous sommes ou bien entêtés ou bien naïfs de nous obstiner à vouloir fonder un parti libéral dans un pays où manquent les libéraux, tels que nous les définissions tout à l'heure.

Notre réponse sera fort simple. Si les libéraux manquent — et la chose

n'est que trop certaine, — il faut en faire. Et nous ajoutons volontiers que
hors de là, dans la France actuelle, il n'y a politiquement rien qui puisse
nous tirer de peine, rien par conséquent qui mérite nos efforts et nos
soins. Assurément, il ne faut, ni dans l'ordre religieux, ni dans l'ordre
moral, négliger aucune des réformes dont notre société, si malade, a le
plus pressant besoin. Mais, dans l'ordre politique, c'est surtout à faire des
libéraux qu'il convient de nous attacher ; c'est par là qu'il faut commencer
l'œuvre de notre régénération. Nous nous croyons des hommes ; nous ne
sommes encore que des enfants. Voilà bien longtemps que chez nous on
parle des principes de 1789. Nous ne dirons pas qu'on en parle trop ; mais
il serait temps de les comprendre enfin et de les appliquer, ces principes,
dans ce qu'ils ont de raisonnable et de grand. Vouloir, avant cela, établir
chez nous un gouvernement régulier et stable, un gouvernement, n'importe lequel, qui puisse nous satisfaire et durer, c'est, pour nous servir du
mot vulgaire, mot aussi expressif qu'il est juste en la circonstance, mettre
la charrue avant les bœufs.

Dételons les bœufs, et remettons-les à leur place. Cessons enfin de nous
disputer, comme nous le faisons depuis quatre-vingts ans, sur la forme,
sur la dynastie, sur le monarque qui méritent ou qui obtiennent nos préférences ; tâchons premièrement de tomber d'accord sur un point : c'est
que le meilleur gouvernement, et aussi le plus durable, sera celui qui
saura donner au plus grand nombre de citoyens la plus grande somme de
satisfactions légitimes, et par conséquent de libertés.

Cela bien compris, il arrivera, chez nous comme ailleurs, que, sans
cesser d'être des conservateurs, des libéraux se feront tous seuls.

Et cela fait, lorsqu'il s'agira, aux époques d'élection par exemple, de nous
grouper autour d'un programme, ayons un soin : celui de nous garer des
formules trop étroites ou trop absolues. Ce sont elles, la plupart du temps,
qui engendrent des malentendus, soulèvent des préventions et créent des
obstacles au succès de l'œuvre qu'on poursuit.

Ainsi, il n'est pas rare, lorsqu'on parle d'union libérale, d'entendre dire
que la règle de celle-ci, au jour du scrutin, n'est pas seulement d'écarter —
— ce qui est vrai — les candidatures officielles ; qu'elle oblige, en outre, à
faire alliance avec n'importe quel candidat ou quel parti se posera en dehors du gouvernement ou contre lui.

Suivant nous, c'est aller trop loin.

A coup sûr, c'est quelque chose que l'indépendance. Elle est d'autant
plus belle qu'elle est plus rare au temps d'énervement politique et de com-
plaisance électorale où nous sommes. Ce à quoi nous devons tendre, c'est
à faire honorer toujours, et souvent à faire élire ceux qui, bien résolus à se
passer de toute recommandation officielle, se présentent devant les électeurs sans autre titre que celui d'aspirer à leur plaire, préférant ainsi un
échec probable, mais protecteur de la sincérité du vote, à un succès souvent certain.

Il nous semble cependant que, pour prix de notre alliance, pour assurer
à la fois la durée et la dignité de celle-ci, nous devons exiger davantage ;
nous pouvons demander au candidat qui nous fait appel, autre chose que
d'être électoralement en froid avec son préfet. N'avoir point sollicité l'appui
de celui-ci, déclarer même qu'on n'en veut pas, est assurément une bonne
note ; mais, si grand que soit ce témoignage d'indépendance, il ne saurait
suffire à lui seul pour commander notre concours et obtenir nos voix.

Il se peut fort bien, en effet, que, par circonstances particulières — débats personnels, vanité froissée, ambition déçue, tempérament bilieux, exigence de parti, ou bien roideur d'un caractère honorable sans doute, mais incomplet — il se peut, disons-nous, que, par l'un de ces motifs ou par d'autres, un candidat, même dépourvu de toute attache administrative, ne remplisse pas les conditions voulues pour mériter notre mandat. Il se peut qu'il soit ou d'une intelligence bornée, ou, chose plus grave, d'une probité douteuse ; il se peut aussi qu'il soit violent, et qu'à l'indépendance dont il fait preuve en repoussant l'attache officielle, il ne joigne d'ailleurs aucune des qualités qui constituent le bon député.

Dans ces divers cas, nous croirons-nous tenus de le soutenir, et, pour ne point nous donner la peine de prévoir et d'admettre des exceptions, aurons-nous l'imprudence de poser ici une de ces règles inflexibles qui ne tiennent ni devant le raisonnement ni devant les faits, et nuisent, d'ordinaire, à la cause qu'on veut servir ? Pour préciser, hommes d'union libérale, oserons-nous soutenir qu'il faille nous ranger partout et toujours, à la seule condition qu'il soit classé comme désagréable, derrière tout candidat, n'importe lequel, qui d'ailleurs n'aurait point le sens libéral ; derrière celui qui, jaloux seulement de sa liberté à lui, de celle de ses amis politiques, n'aurait pas le respect profond de la liberté d'autrui, y comprise celle de ses adversaires ?

Assurément non. L'exception confirme ici la règle ; et c'est pour éviter qu'on n'abuse contre nous de la règle, que nous avons tenu à poser l'exception. La règle est bien de combattre les candidatures administratives, parce que celles-ci faussent à la fois l'exercice du suffrage universel et la sincérité de la représentation nationale ; mais il reste des mesures à prendre pour qu'on ne puisse jamais nous accuser de soutenir des candidats qui, à aucun titre, ne seraient des nôtres. Il y aurait prétention excessive à vouloir ne nommer que des hommes pensant comme nous sur tous les points. A ce compte-là, personne ne trouverait de mandataire, et quatre-vingt-dix-neuf électeurs sur cent en seraient réduits à voter pour eux-mêmes. Mais au moins devons-nous exiger que notre député partage nos opinions essentielles, particulièrement en ce qui regarde la liberté de tous et de chacun.

Les choses même ainsi expliquées et nos prétentions restant dans ces justes bornes, nous comprenons très-bien qu'à la veille des élections générales auxquelles on se prépare, l'union libérale déplaise et aux préfets qui veulent à toute force soutenir leurs candidats, et aux candidats qui trouvent bon, commode, économique aussi, d'être soutenus par leur préfet. Ce que nous ne saurions admettre, c'est que cette union ait de quoi alarmer les consciences les plus scrupuleuses.

Oui, sans doute, si en vue seulement de détruire l'Empire, l'homme qui est d'abord royaliste tend la main à celui qui est d'abord républicain, sachant très-bien qu'au lendemain de la victoire ils se battront entre eux pour s'en disputer le profit, il y a là une alliance adultère, que le sens moral réprouve et contre laquelle le sentiment public proteste avec raison.

Mais entre libéraux, ce n'est pas ainsi que la question se pose. Le but que poursuit le vrai libéral, l'enjeu de la partie qu'il joue, c'est la liberté. Devant cet intérêt supérieur, tout le reste sans doute ne s'efface pas, mais tout pâlit. A chacun de nous le droit de garder, sur le gouvernement de son pays, sur la famille ou sur le personnage auquel il conviendrait d'en remettre les rênes, ses idées et ses préférences. Ceux qui disent que, suivant les cas, toutes les formes de gouvernement peuvent être bonnes, ont raison. Mais celui qui s'aviserait de soutenir qu'en tous pays et à toute époque toutes les formes de gouvernement sont également bonnes, aurait tort. Il est donc naturel que chacun de nous revendique et garde le droit de penser là-dessus ce que lui dicte sa raison. L'essentiel est de nous entendre enfin pour reconnaître et pour convenir que ceci est l'accessoire. Le tort des Français, ou plutôt la conséquence de nos trop nombreuses révolutions, dont chacune nous a légué un nouveau parti hostile aux autres, est d'en avoir fait le principal. Le principal, encore une fois, c'est la fin du gouvernement personnel, c'est le gouvernement du pays par le pays, c'est la liberté à conquérir et à garder.

Sommes-nous résolus, si l'Empire nous la donne, à ne point aller la demander à d'autres ? Et, s'il nous la refuse, sommes-nous prêts à la recevoir de n'importe quelle autre main, sans recourir d'ailleurs d'ici là, pour en hâter l'heure, à d'autres armes qu'à celles de la stricte légalité ? Dans ces deux cas, qui sont ceux où nos sentiments nous placent, nous sommes en règle avec notre conscience, comme nous le sommes avec la loi ; et les courtisans qui doutent qu'en pensant comme nous là-dessus on puisse être de bons citoyens, nous prouvent qu'eux-mêmes ne savent pas ce que c'est qu'un citoyen.

III.

A l'union libérale, même ainsi comprise, les uns — ce sont les plus nombreux — préfèrent ce que nous avons, c'est-à-dire l'isolement et par conséquent l'impuissance : leur humeur, je ne dis pas leur principe, car ce serait ravaler ce mot, est de continuer, faute d'accord entre les libéraux, à subir partout, sans le contrarier nulle part, le régime des candidatures officielles.

Les autres, admettant que ce régime est un mal, proposent comme remède souverain ce qu'ils appellent l'union démocratique.

D'autres, enfin, ont inventé l'union dynastique.

Avec les premiers, c'est-à-dire avec ceux qui souhaitent que nous restions dans l'ornière des candidatures officielles telle que l'a creusée une pratique de dix-huit ans, nous n'avons point à discuter. Les candidatures officielles ont fait le Corps législatif que nous avons ; et le Corps législatif que nous avons n'a pas seulement trouvé bon l'ajournement indéfini de nos libertés nécessaires ; il a laissé faire, et par conséquent il a fait, autant qu'il a dépendu de lui, et l'expédition du Mexique, et la Prusse unifiée, et bien d'autres choses encore, qui, sans disparaître, pâlissent devant celles-là. Voilà pour le dehors. Au dedans, il a tout voté, tout, jusqu'à cette loi d'organisation militaire que les fautes de notre politique excusent peut-être, mais qui accuse, elle, les fautes commises et ceux qui s'en sont rendus solidaires. Le *statu quo* ne saurait donc nous satisfaire ; il nous coûte trop cher pour que, de gaieté de cœur, nous consentions à le laisser durer.

Aux partisans de l'union démocratique, nous n'avons non plus qu'un mot à répondre : c'est que nous ne les comprenons pas. Il n'y a point, en effet, de démocratie digne de ce nom qui puisse se passer de la liberté; et j'ajoute volontiers qu'en France, dans la France du dix-neuvième siècle, telle que le dix-huitième nous l'a léguée, la liberté chercherait vainement à se passer de démocratie. Si c'est à la démocratie jacobine ou à la démocratie autoritaire que l'on fait appel, nous nous déclarons franchement les ennemis de l'une et de l'autre. Mais si c'est, comme on le prétend, une démocratie libérale qu'on aspire à fonder en France, il est inutile de chercher à nous l'imposer : nous l'acceptons très-volontiers, et même nous ne concevons pas qu'il puisse y avoir désormais chez nous d'autre gouvernement que celui-là. Dès lors — et à moins que, par un sens détourné, union démocratique ne veuille dire qu'il faut promener partout dans le monde le drapeau de l'insurrection et commencer par dépouiller le Pape du peu qui lui reste — nous ne voyons pas quel intérêt on peut trouver à substituer la formule de l'union démocratique à celle de l'union libérale. Celle-ci équivaut à celle-là ; l'une comprend l'autre, et c'est se disputer pour des mots que de ne pas, de prime saut, tomber d'accord là-dessus (1).

Passons à l'union dynastique. Ceux qui la prêchent nous disent : D'abord l'Empire, et, par l'Empire, la liberté. Ils ne s'aperçoivent pas qu'en parlant ainsi ils ressemblent, trait pour trait, aux hommes de ces anciens partis qu'ils combattent et qui, eux aussi, résument leur politique en disant : Vive le roi, pourvu que ce soit mon roi ; ou : Vive la république d'abord, et vive ensuite la liberté. — Nous disons, nous : Vive la liberté d'abord, et vive ensuite le gouvernement qui nous la donnera. Si la liberté doit un jour nous venir de l'Empire, le lendemain de ce jour-là rien ne nous empêchera de dire : Vive l'Empire. Mais sans attaquer l'Empire, et tout en lui restant soumis, nous demandons que, pour le glorifier, il nous soit permis d'attendre qu'il réalise notre programme et qu'il comble nos vœux. L'amour ne se commande pas, il s'inspire ; et si, pour ceux qui l'ont prêté, le serment politique oblige à être fidèle, il n'a jamais eu la vertu de contraindre personne à aimer.

N'oublions pas d'ailleurs que nous sommes dans un siècle positif, où les mariages d'inclination deviennent de plus en plus rares. Ce serait une étrange prétention que celle de vouloir nous marier avec un gouvernement quelconque autrement que par raison. Dans les mariages de raison, on exige la dot : or, pour les peuples, quand ils épousent, la dot c'est la liberté.

D'où il résulte que l'octroi de la liberté doit précéder les déclarations d'amour ; et que c'est là que nous attendons, avant de nous décider à les suivre, les prôneurs de l'union dynastique. Demain peut-être ; aujourd'hui non.

Reste donc l'union libérale ; c'est à elle qu'en fin de compte il nous faut revenir, comme à la seule planche de salut, comme à la dernière ancre qui, chez nous, peut empêcher la liberté de sombrer irrévocablement.

Sur quelle base asseoir cette union ? Comment et dans quelles circonstances se fera-t-elle ? Sera-t-elle seulement une alliance des forces ? N'ira-t-elle pas jusqu'à l'union des cœurs ?

C'est ce qu'il nous reste à examiner.

(1) Cette idée nous semble avoir présidé non-seulement à la fondation, mais au choix du titre d'un journal de création récente qui, sous l'habile direction de M. Louis Joly, défend, dans le département de Seine-et-Oise, les principes de l'union libérale.

Tandis qu'ailleurs on perd son temps et on use ses forces à discuter sur la question de savoir si on appartiendra à l'union libérale ou bien à l'union démocratique, ce journal a donné à tout le monde, rien qu'en choisissant bien son titre, un bon conseil et un bon exemple ; il s'est intitulé : *l'Union libérale et démocratique*, voulant sans doute indiquer par là que, dans sa pensée, cela ne fait qu'un.

IV.

Et d'abord les bases de l'union libérale sont bien simples à exposer. Du moment, comme nous l'avons dit, que le programme du parti libéral se réduit à mettre, en politique, la liberté avant tout le reste, et tout le reste après la liberté, comment ne nous unirions-nous pas pour, tous ensemble, développer cette doctrine ; pour faire qu'elle se propage dans les esprits et que, de la sorte, elle en arrive à régner dans les institutions ? La liberté est une assez grande chose, ce nous semble, pour qu'à son nom chacun se réveille ; pour que, sous son drapeau, on se groupe ; pour que ceux qui l'aiment et qui la veulent, fussent-ils d'ailleurs divisés sur certaines questions secondaires, aspirent à former entre eux une phalange qui, dès à présent, est respectable, et qui un jour sera respectée. Pour s'enrôler dans cette phalange, aucun homme, si ses tendances politiques le poussent avant tout à la liberté — et, encore une fois, nous ne faisons appel qu'à ceux-là, — n'a absolument rien à abdiquer ; chacun peut rester ce qu'il est. Aux impérialistes de la veille comme à ceux du lendemain, aux royalistes de la branche aînée comme à ceux de la branche cadette, aux républicains aussi, la porte est ouverte au large : à la seule condition que d'abord ils soient libéraux, les uns et les autres peuvent entrer. Voilà tout le programme, et là-dessus il serait superflu d'insister, tant la chose est claire et va de soi.

Dans quelles circonstances doit se faire l'union libérale ? Dans quelles occasions doit-elle se produire ? Nous répondons : dans toutes, mais dans les élections particulièrement. L'élection est, en effet, avec la presse, le grand levier à l'aide duquel une nation peut, sans d'ailleurs chercher à renverser son gouvernement, agir sur lui et le transformer. Cela est vrai de tous les gouvernements, mais surtout de ceux à la base desquels se trouve le suffrage universel.

Étant admise l'union libérale, et aussi la nécessité d'en faire un usage fréquent, surtout aux époques d'élection, comment, dans la pratique des choses, devront se conduire les journaux, les comités, les candidats, les électeurs ? Il ne s'agit plus ici de principes. Le principe est, nous l'avons dit, que personne n'abdique, mais qu'à l'approche du scrutin chacun incline son drapeau particulier devant le drapeau supérieur de la liberté générale. Il s'agit maintenant de tactique. Or, quelle sera la tactique des alliés, dont l'accord pourra seul contre-balancer l'omnipotence administrative et en réprimer les abus ?

Autant le principe est simple, autant la tactique est diverse. C'est ici qu'il faut se garer — car de la sorte on n'arriverait à rien qu'à la confusion et à l'impuissance — des théories trop générales et des règles trop absolues. Parmi ces règles, il n'y en a qu'une qu'il faut conseiller à tout le monde de suivre : celle des concessions réciproques, de l'abnégation particulière, du désintéressement personnel chez les individus et chez les partis, du plein dévouement à la cause commune, dût celui-ci aller jusqu'à cet oubli d'anciens griefs qu'on appelle communément le pardon des injures. Puisque les chrétiens eux-mêmes ont, au jour des réconciliations, des torts souvent graves à se pardonner, pourquoi pas les politiques ? Est-ce qu'eux seuls, par hasard, n'auraient jamais rien à se reprocher ; eux dont la vie est si agitée, dont les tentations sont parfois si vives, eux que, sans parler de l'orgueil, deux ou trois autres péchés capitaux, l'envie par exemple, assiègent jour et nuit ?

Hors de là, c'est-à-dire à part ce conseil de support mutuel et d'indulgence réciproque que nous donnons indistinctement à tous ceux qui veulent entrer dans l'union libérale et y rester, il n'y a, lorsqu'on descend sur le terrain de l'action, d'autre règle à suivre que celle d'interroger les circonstances, de tenir compte des difficultés locales, d'agir partout pour le mieux en vue de consolider l'union et d'arriver au moins par elle à la dignité dans la défaite, lorsque, par elle, on ne peut espérer le succès.

Ainsi, ceux-là se trompent et outre-passent les bornes, qui nous disent qu'en tout état de cause et devant tout scrutin il n'y a qu'un parti à prendre et qu'une marche à suivre ; qu'il n'y a de bonnes, par exemple, que les candidatures uniques, parce qu'elles concentrent mieux les voix ; ou de capables de réussir que les candidatures multiples, parce qu'elles seules peuvent rallier tous les votes de l'opposition ; que l'accord doit se faire partout dès le premier tour de scrutin, ou qu'il faut partout, sous peine d'échouer, ménager cet accord pour le jour du ballottage. Tout cela est trop absolu.

La sagesse ici consiste à prendre conseil des temps et des lieux, et à n'imposer aux hommes d'autre devoir que celui d'écouter toujours, avant d'agir, leur conscience et leur raison.

Dans telle circonscription, par exemple, où un candidat libéral se trouve, par la notoriété de son nom, par celle des services rendus, par son influence personnelle, par l'accord de ses concitoyens à le désigner comme l'unique porte-drapeau des opinions indépendantes, qu'on se garde bien d'en chercher un second, et que tout le monde s'entende pour, dans ce cas, le porter et le soutenir seul, lui tout seul. Mais ceci restera l'exception.

En général, et eu égard à la diminution qu'ont fait subir aux hommes de valeur dix-huit années d'un régime qui a tout remis aux mains de l'administration, le mieux est de voir de bon œil et d'accepter avec reconnaissance toutes les candidatures indépendantes qui, dans une même circonscription, sont disposées à se produire. Souvenons-nous qu'on a découpé nos arrondissements électoraux d'une façon qui, pour être habile, n'en est pas moins contre nature. Au lieu de faciliter aux agglomérations d'intérêts, aux relations de bon voisinage, les moyens de choisir, aux jours d'élection, leurs représentants naturels, on a tantôt fractionné nos grandes villes, tantôt accolé à un tronçon de département d'autres tronçons qui n'ont, avec lui, absolument rien de commun. Il résulte de là qu'en dehors de l'administration qui, par ses agents, a la main partout, nulle part il ne reste d'influence aussi étendue que la circonscription. Tel personnage connu, considéré, honoré dans tel rayon dont les habitants lui donneraient une majorité imposante, est ou inconnu ou même suspect dans des communes qui, distantes de 15 ou 20 lieues de celle qu'il habite, ont peut-être des besoins rivaux. Dans ces conditions, la lutte des intérêts peut défaire en un jour l'œuvre que l'accord des opinions aura mis dix ans à accomplir. L'administration le sait bien, mais elle en rit, trouvant sans doute que le tour est bon. A nous de déjouer cette manœuvre à l'intérieur et de le faire en donnant, par plusieurs candidatures, satisfaction non-seulement aux opinions différentes, mais aux intérêts des diverses localités. Au second tour de scrutin seulement, il sera raisonnable que les rivalités locales disparaissent devant l'élu du plus grand nombre. L'essentiel est qu'entre les candidatures indépendantes il n'y ait pas lutte politique, mais qu'au contraire il y ait accord, accord cordial, accord public et constaté, pour combattre la candidature officielle et, s'il se peut, pour la faire échouer.

Supposons maintenant que, par les motifs qui viennent d'être dits ou par d'autres, le système des candidatures multiples ait prévalu dans la circonscription électorale à laquelle nous appartenons. Il y a dans ce cas deux attitudes à prendre, entre lesquelles il faut choisir.

Comités et journaux peuvent s'entendre pour, dès le commencement de la lutte, soutenir ces candidatures *ex œquo*, sans préférence marquée pour aucune d'entre elles.

Ils peuvent aussi, après avoir patronné d'abord celui des concurrents que chacun d'eux préfère, appuyer seulement au second tour de scrutin le candidat auquel, dans la plénitude de leur droit, les électeurs auront donné la majorité relative au premier tour.

Si l'on nous demande à laquelle de ces deux façons d'agir nous accordons la préférence, laquelle, à notre avis, est la meilleure, ici encore nous répondrons : Cela dépend des circonstances.

Partout où il n'y a pas de trop grandes dissemblances d'opinions entre plusieurs candidats également recommandables et résolus à affronter ensemble les périlleux honneurs du combat, le rôle des hommes d'union libérale nous paraît nettement tracé. Il consiste à obtenir, si cela se peut, que comités et journaux s'entendent pour, dès le début de la campagne, n'afficher aucune préférence ; pour tenir aux électeurs le langage simple et clair que voici :

« Vous avez trop souffert, leur dira-t-on, des pressions administratives pour que, nous journaux, nous comités en qui vous avez confiance et à qui vous demandez conseil, nous songions jamais à essayer d'exercer sur vous une pression pareille. C'est votre liberté, autant que la nôtre, que nous avons à cœur de défendre. Nous n'avons qu'une mission : celle de vous dire que voici les noms de citoyens indépendants et honorables qui croient que c'est à vous, non au gouvernement, qu'il appartient de nommer vos députés. Ils accepteront vos suffrages. Parmi eux, choisissez librement et suivant qu'il vous plaira. Seulement, permettez-nous de vous donner un conseil. S'il n'y a pas de résultat au premier tour de scrutin, montrez-vous, dans l'intérêt de la cause commune, prêts à vous faire les uns aux autres une concession : celle de reporter, au second tour, vos voix sur celui, n'importe lequel, des candidats de l'union libérale qui, à la première épreuve, aura obtenu le plus de suffrages ; sur celui, par conséquent, que la majorité de ses concitoyens aura elle-même choisi et désigné. »

Tel est le langage que, dans plusieurs départements, on pourra tenir ; telle est l'attitude qu'on y pourra prendre. Partout où l'accord des esprits, où l'apaisement d'anciennes rivalités politiques ou personnelles permettront d'aller jusque-là, il n'y a pas à hésiter : il faudra parler, il faudra agir comme il vient d'être dit.

Mais c'est là le beau idéal ; et, à vouloir le poursuivre partout, on risquerait en plus d'un lieu de manquer le bien relatif. Sans jamais déserter l'honnête, il faut généralement chercher le possible. Or, il peut arriver, et fort souvent il arrivera, qu'en cas de candidatures multiples, tel candidat, quoique libéral avant tout, sera ou paraîtra trop accentué dans sa nuance particulière pour que tel journal, libéral aussi, mais d'une opinion un peu divergente, consente volontiers à faire tout de suite à cet allié une part de faveur égale à celle qu'il réserve peut-être pour un ami. Dans ce cas, qu'y aura-t-il à faire ?

Il y aura tout simplement à trouver bon que chaque journal soutienne au premier tour son candidat de prédilection et le soutienne seul, mais sous réserve toujours qu'au second tour il usera son influence sur ses amis pour les engager à reporter leurs voix sur celui des candidats, ne fût-il pas le sien, qui aura obtenu la majorité relative.

Nous sommes d'avis que cette seconde façon d'agir est moins bonne que la première ; mais il suffit qu'elle ait l'avantage de mettre en certains cas les gens plus à l'aise, pour que nous conseillions de l'adopter partout où une union plus étroite susciterait des ombrages et rencontrerait des difficultés.

Ici encore l'essentiel, l'indispensable, est, dans la préparation même lointaine de la lutte à soutenir ensemble, de ne point se laisser guider par des préoccupations étroites : de savoir résister même à de généreux sentiments, fût-ce à celui de l'amitié, et, si l'on affiche des préférences pour quelqu'un des candidats libéraux, de s'imposer du moins la loi de ne jamais dire de mal d'aucun d'entre eux. Car comment détruire l'effet d'une parole hostile et imprudente, d'une parole qu'on regrettera peut-être amèrement, mais qu'on regrettera en vain, le jour où un scrutin de ballottage arrivant, on reconnaîtra qu'on perd sa peine à vouloir, trop tard, soutenir l'homme qu'on aura précédemment attaqué?

Mais, nous dira-t-on, vous en parlez bien à votre aise avec tous ces conseils de désintéressement, d'entente au premier tour ou au second, de candidatures uniques ou multiples, de compromis exprès ou tacites, de concessions mutuelles et de reports de voix. Tout cela est fort bien ; mais, pour triompher, il ne suffit pas de discourir . il faut être suivi. Or, il se peut que les électeurs refusent de se prêter à la manœuvre, et que, de la sorte, tous les efforts de l'union libérale échouent misérablement.

Les choses peuvent, en effet, se passer ainsi ; mais l'expérience nous apprend que, d'ordinaire, elles se passent autrement, et que fort souvent le candidat libéral réussit au second tour, quand le candidat officiel a échoué au premier.

Quoi qu'il en soit, chacun de nous n'est responsable que de ce qu'il peut. Chaque électeur reste son maître ; nul ne dispose que de sa voix. L'administration est la seule qui, par les moyens que l'on connaît, dispose souvent des voix d'autrui, et il n'est pas plus à notre convenance qu'il n'est en notre pouvoir de la suivre sur ce terrain.

Ce que nous pouvons, c'est faire notre devoir et engager chacun à faire le sien. Nous n'avons la prétention de contraindre personne : nous avons celle de dire à tout le monde ce qui nous semble être la vérité.

Or, la vérité, c'est qu'il y a, dans notre système électoral et surtout dans la manière dont on le pratique, de profondes modifications à introduire. Si le gouvernement s'y refuse, c'est aux électeurs d'aviser. Nous leur indiquons les moyens à prendre pour que désormais le scrutin leur appartienne ; s'ils trouvent que l'élection est mieux entre les mains de l'administration qu'entre les leurs, libre à eux de l'y laisser. Ceci est leur affaire et point la nôtre.

V.

Telles nous paraissent être les règles, à la fois larges et loyales, de la partie qu'au printemps prochain nous serons tous appelés à jouer. Le présent et l'avenir de la France y seront engagés : tous les libéraux, s'ils comprennent leurs intérêts, doivent y paraître en partenaires. Il dépend du gouvernement de ne point s'y poser en rival unique, de ne pas essayer de tenir à lui seul tous les enjeux.

Aura-t-il la modération de renoncer à le faire ; de s'arrêter dans la voie déplorable où le retient un passé de dix-huit ans ? L'expérience qu'on a faite du régime des candidatures officielles à outrance n'a jamais eu notre approbation, mais longtemps elle a eu le succès : longtemps elle a réussi à ceux qui nous ont livrés à elle. L'heure approche — et, de notre part, ceci n'est point une menace, c'est un avertissement aussi désintéressé que sincère — où le pays rejettera, comme contraire à sa dignité, ce régime dont il a souffert. Et, ce jour-là, il le rejettera avec un dédain au moins égal à la soumission qu'il a mise à l'accueillir, à l'abandon avec lequel, pour un temps, il a paru s'y associer.

Si, comme il arrive parfois qu'on nous en soupçonne, nous n'avions, nous libéraux, d'autre désir que celui d'ajouter une nouvelle révolution au trop grand nombre de celles qui, pour la France, ont retardé l'heure de la liberté, nous laisserions, sans observation et surtout sans plainte, les choses suivre paisiblement leur cours. Nous ferions plus : si telle était notre visée et si d'ailleurs, disciples de Machiavel et peu scrupuleux sur les moyens, nous professions la doctrine de la souveraineté du but, nous briguerions la faveur d'être admis dans la société et dans le concert de ceux qui se sont eux-mêmes appelés « les sept sages. » Loin de les contredire, nous leur ferions écho ; aux attaques dirigées contre la politique de l'Empire, comme eux, nous conseillerons à l'Empire de répondre par un refus absolu de concessions ; comme eux, nous célébrerions les mérites des gouvernements forts ; nous nous garderions surtout de rappeler que les gouvernements les plus forts deviennent faibles — si faibles que parfois ils en meurent — lorsque, s'entêtant dans une idée fausse, ils ne savent pas en revenir à temps. Après avoir été chez nous, pendant dix-huit ans, le grand écueil de la liberté, les candidatures officielles, telles que l'administration les pratique, nous semblent à la veille de devenir le plus grand danger de l'Empire ; nous l'en avertissons sans forfanterie comme sans faiblesse, non en ennemis, non en amis, non en serviteurs surtout, mais en citoyens que nous sommes et qu'il nous plaît d'être. Avec des réformes, même incomplètes, comme celles que nous ont données les décrets de novembre et les dernières lois sur les réunions et sur la presse, le régime électoral qui, depuis 1852, a livré les électeurs aux préfets n'est pas seulement devenu périlleux ; un avenir prochain démontrera qu'il est, en outre, devenu impossible.

Au gouvernement d'aviser. Il dépend de lui de remédier au mal et, de le faire en vingt-quatre heures.

Il dépend aussi de nous d'en finir avec des procédés électoraux dont le passé a pu se contenter, dont il a même paru s'éprendre, mais dont le présent se détache visiblement et que répudiera l'avenir. Seulement la besogne sera plus longue à faire si nous en restons seuls chargés. Raison de plus pour l'entreprendre, et tout de suite. Il faut y apporter à la fois modération et fermeté : fermeté à poursuivre le but, qui est la conquête de la liberté électorale et, par là, celle des autres libertés ; modération dans les moyens, dont les meilleurs, les plus réguliers, les plus légaux, nous paraissent être ceux que nous venons d'indiquer.

Nous n'avons pas la prétention d'avoir prévu tous les cas qui peuvent se présenter ni passé en revue toutes les difficultés avec lesquelles, dans la pratique des droits électoraux, l'union libérale pourra se trouver aux prises. Autant d'élections, autant de manières d'agir différentes : à chaque jour suffira sa peine, et celle-ci consistera à étudier partout les nécessités locales et à en tenir compte. L'essentiel est que partout le même esprit nous anime et nous dirige. Avec cela, le succès est certain : partiel aujourd'hui, malgré le zèle que nous y mettrons, il deviendra général demain.

Il serait puéril d'espérer qu'on pourra jamais convertir à la liberté électorale ceux qui, élus sans elle et contre elle, trouvent bon l'expédient des candidatures officielles et en vivent. Mais, sous le régime du suffrage universel, le pays légal ne se compose pas seulement de députés ; il se compose surtout d'électeurs. A ceux-ci de voir si l'union libérale, telle que nous venons de l'exposer dans son principe et dans son action, a de quoi porter ombrage aux consciences droites et timorées. Pour nous, nous y adhérons sans réserve ; et loin d'y mettre aucun scrupule, nous aurions scrupule de nous tenir à l'écart d'une combinaison qui nous paraît être la sauvegarde de l'avenir ; de ne point nous attacher à elle comme à l'épave qui, dans le naufrage des libertés publiques, pourra, en sauvant celles-ci, nous ramener un jour avec elles au port.

Mais ce n'est point là le seul mérite de l'union libérale. Ceux qui, pour eux, en redoutent avec raison les conséquences éloignées ou prochaines, affectent de croire et ne cessent de répéter que cette union, même entendue comme nous l'entendons, est grosse d'orages. Nous croyons, au contraire, et fermement, que ce qu'elle porte dans ses flancs, c'est la paix.

L'union libérale, en effet, n'est pas seulement une arme de circonstance, destinée à nous débarrasser des candidatures officielles, une de ces armes qui ne servent qu'une fois et que l'on brise après avoir porté un coup. Elle doit être une alliance durable, permanente, d'où, avec la transformation des partis, sortira la réconciliation des Français sous le seul drapeau, sur le seul terrain où, de nos jours, ils puissent se rencontrer : celui de la liberté commune.

Nul d'entre nous ne saurait dire quel est, dans cinquante ans d'ici, le gouvernement qu'aura la France. Mais ce qu'on peut prévoir, ce qu'on peut espérer, c'est qu'avant cela la France aura la liberté. Nos divisions nous l'ont fait perdre ; l'union seule pourra-nous la rendre. Unissons-nous donc pour la conquérir, et, cela fait, restons unis pour mériter de la garder.

FOBLANT.